大方廣佛華嚴經 寫經

5

🪷 일러두기

1. 『사경본 한글역 대방광불화엄경』은 『독송본 한문·한글역 대방광불화엄경』에 수록된 한글역을 사경하는 데 편의를 도모하기 위해 편집을 달리하여 간행한 것이다.

2. 『독송본 한문·한글역 대방광불화엄경』은 실차난타가 한역(695~699)한 80권 『대방광불화엄경』의 한문 원문과 한글역을 함께 수록한 것이다. 한문 저본은 고종 2년(1865) 월정사에서 인경한 고려대장경 『대방광불화엄경』이다.

3. 한글 번역은 동국역경원에서 발간한 한글 『대방광불화엄경』(운허)을 중심으로 하고 『신화엄경합론』(탄허)과 『대방광불화엄경 강설』(여천무비) 그리고 최근의 여타 번역본 등을 참조하였다.

4. 한글 번역은 독송과 사경을 위하여 정확성과 아울러 가독성을 고려하였다. 극존칭은 부처님과 불경계에 대해서만 사용하였다.

5. 사경본의 차례는 일러두기 → 한글역 본문 → 화엄경 목차 → 간행사이며 80권 『대방광불화엄경』의 권별 목차 순으로 독송본과 함께 간행한다. (법공양판에는 간행사 다음에 간행불사 동참자를 밝혀 두었다.)

사경본 한글역
대방광불화엄경 제5권

1. 세주묘엄품 [5]

수미해주

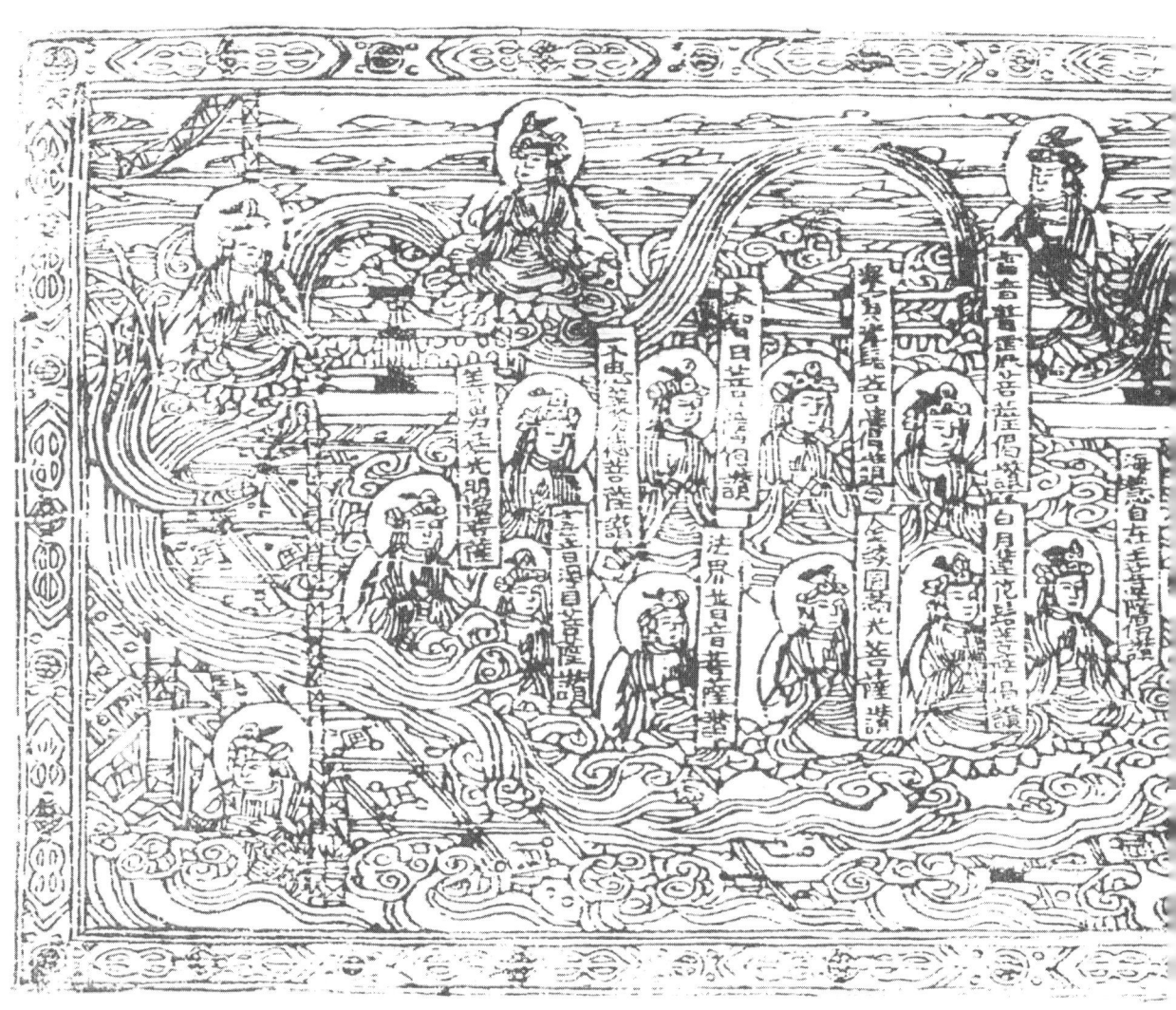

대방광불화엄경 제5권 변상도

_____ 은(는)『대방광불화엄경』을
사경하는 인연공덕으로
『화엄경』이 널리 유통되고
우리 모두 다함께 보리 이루기를 발원하옵니다.

대방광불화엄경
제5권

1. 세주묘엄품 [5]

 또 보현보살마하살은 부사의한 해탈문의 방편바다에 들어갔으며 여래의 공덕바다에 들어갔다.

 이른바 해탈문이 있으니 이름이 일체 부처님의 국토를 깨끗하게 장엄하고 중생들을 조복하여 끝까지 벗어나게 함이며, 해탈문이 있으니 이름이 일체 여래의 처소에 널리 나아가 공덕의 경계를 닦아서 구족하게 함이며, 해탈문이 있으니 이름이 일체 보살의 지위와 모든 큰 서원바다를 안립함이다.

해탈문이 있으니 이름이 법계의 티끌 수 같은 한량없는 몸을 널리 나타냄이며, 해탈문이 있으니 이름이 일체 국토에 두루하는 불가사의한 수의 차별한 이름을 연설함이며, 해탈문이 있으니 이름이 일체 티끌 가운데 가없는 모든 보살의 신통경계를 다 나타냄이며, 해탈문이 있으니 이름이 한순간에 삼세겁 동안 이루어지고 무너지는 일을 나타냄이다.

해탈문이 있으니 이름이 일체 보살의 모든 근의 바다가 각각 자신의 경계에 들어감을 나타내 보임이며, 해탈문이 있으니 이름이 능히 신통력으로 갖가지 몸을 화현하여 가없는 법계에 두루함이며, 해탈문이 있으니 이름이 일체 보살의 수행하는 법과 차례의 문을 나타내 보여 일체지의 광대한 방편에 들어감이다.

그 때에 보현보살마하살이 자신의 공덕으로 다시 여래의 위신력을 받들어, 널리 일체 대중모임바다를 살펴보고 나서 게송을 설하여 말씀하였다.

부처님께서 장엄하신
광대한 세계가

일체 미세한
티끌 수와 같은데
청정한 불자들이
그 안에 가득하여
부사의하고 가장 미묘한 법을
비 내리도다.

이 모임에 부처님께서
앉아계심을 보듯이
일체 티끌 중에도
다 그러하니
부처님 몸은

감도 없고 옴도 없으시되
있는 바 국토에
다 밝게 나타나시도다.

보살의
수행하는 바인
지위에 나아가는 한량없는
모든 방편을 나타내 보이시며
생각하기 어려운
진실한 이치를 설하셔서
모든 불자들을
법계에 들어가게 하시도다.

화신 부처님을 나타내심이
티끌 수와 같아서
중생들 마음의 하고자 하는 것에
널리 응하시며
깊은 법계의
방편문에 들어가셔서
광대하고 가없이
다 연설하시도다.

여래의 명호가
세간과 같아서
시방 국토에

다 충만하심이라
일체 방편이
헛됨이 없어서
중생들을 조복하여
다 때를 여의게 하시도다.

부처님께서
일체 미진 가운데
가없는 큰 신통의 힘을
나타내 보이셔서
다 도량에 앉아
연설하시되

부처님의 지난 옛적 보리행과
같게 하시도다.

삼세에 있는 바
광대한 겁을
부처님께서 생각생각 가운데
다 나타내 보이셔서
저 모든 이루어지고
무너지는 일체의 일을
부사의한 지혜로
요달하지 못함이 없으시도다.

불자들의 대중모임이
넓고 한없음이여
함께 모든 부처님 지위를
측량하고자 하되
모든 부처님의 법문은
끝이 없으셔서
능히 다 요달해 알기는
매우 어렵도다.

부처님은 허공과 같아서
분별이 없으시며
진여법계와 같아서

의지하는 바가 없으시되
화현으로 두루 다녀
이르지 않음이 없으셔서
도량에 다 앉아
정각을 이루시도다.

부처님께서 미묘한 음성으로
널리 말씀하시되
일체 모든 지위를
다 밝게 요달하시어
낱낱 중생 앞에
널리 나타나셔서

여래의 평등한 법을
다 주시도다.

또 정덕묘광 보살마하살은 시방의 보살 대중모임에 두루 가서 도량을 장엄하는 해탈문을 얻었고, 보덕최승등광조 보살마하살은 한 생각 중에 다함없는 정각 이루는 문을 나타내어 부사의한 중생계를 교화하고 성숙하게 하는 해탈문을 얻었고, 보광사자당 보살마하살은 보살의 복덕을 닦아서 일체 부처님 국토를 장엄하여 나타내는 해탈문을 얻었다.

보보염묘광 보살마하살은 부처님의 신통 경계를 관찰하여 미혹이 없는 해탈문을 얻었고, 보음공덕해당 보살마하살은 한 대중모임의 도량 중에서 일체 부처님 국토의 장엄을 나타내 보이는 해탈문을 얻었고, 보지광조여래경 보살마하살은 여래를 따라서 매우 깊고 광대한 법계장을 관찰하는 해탈문을 얻었고, 보각열의성 보살마하살은 일체 부처님을 친근하고 받들어 섬기는 공양장의 해탈문을 얻었다.

　보청정무진복위광 보살마하살은 일체 신통변화를 내어서 넓고 크게 가지하는 해탈문을 얻었고, 보보계화당 보살마하살은 일체 세간의 행에 널리 들어가서 보살의 가없는 행의 문을 내는 해탈문을 얻었고, 보상최승광 보살마하살은 능히 모양 없는 법계 중에서 일체 모든 부처님의 경계를 출현하는 해탈문을 얻었다.

그 때에 정덕묘광 보살마하살이 부처님의 위신력을 받들어 일체 보살의 해탈문바다를 널리 살펴보고 나서 게송을 설하여 말씀하였다.

시방에 있는
모든 국토를
한 찰나에
모두 깨끗이 장엄하셔서
미묘한 음성으로
법륜을 굴리셔서
널리 세간에 두루하시어

더불어 같을 이 없도다.

여래의 경계는
끝이 없으셔서
한순간
법계에 다 충만하시고
낱낱 티끌 가운데
도량을 건립하시어
모두 보리를 증득하고
신통변화를 일으키시도다.

세존께서 지난 옛적

수행하시어
한량없는 백천 겁이
지나도록
일체 부처님 세계를
다 장엄하셔서
걸림 없이 출현하심이
허공과 같도다.

부처님의 신통력이
한량없음이여
가없는 일체 겁에
충만하시니

가사 한량없는 겁을
지날지라도
생각생각 관찰하여 피로해하거나
싫어함이 없으시도다.

그대들은 응당
부처님의 신통 경계를 관하라
시방의 국토를
다 깨끗이 장엄하셔서
일체를 여기에
모두 나타내시되
생각생각 같지 아니하여

한량없는 종류로다.

부처님을
한량없는 백천 겁 동안 관해 보아도
한 털끝만 한 분한도
얻을 수 없음이라
여래의 걸림 없는
방편문이시여
이 광명이 사의하기 어려운 세계를
널리 비추시도다.

여래께서 지난 겁 동안

세간에 계셔서
가없는 모든 부처님을
받들어 섬기셨으니
그러므로 일체가
냇물처럼 달려
모두 와서
세존께 공양 올리도다.

여래께서
온 시방의
낱낱 티끌 중
한량없는 국토에 출현하시니

그 가운데 경계도
모두 한량없어서
가없고 다함없는 겁에
다 머무시도다.

부처님께서 지난 겁에
중생들을 위하시어
가없는 대비바다를
닦으심이라
모든 중생들을 따라
생사에 들어가셔서
회중들을 널리 교화하여

청정하게 하시도다.

부처님께서
진여의 법계장에 머무시어
모양 없고 형상 없고
모든 번뇌도 여의셨으되
중생들이
갖가지 몸을 관해 보고
일체 고난을
다 소멸하도다.

또 해월광대명 보살마하살은 보

살의 모든 지위와 모든 바라밀을 출생하여 중생들을 교화하며 일체 부처님 국토를 깨끗이 장엄하는 방편의 해탈문을 얻었고, 운음해광이구장 보살마하살은 생각생각 가운데서 법계의 갖가지 차별한 곳에 널리 들어가는 해탈문을 얻었고, 지생보계 보살마하살은 불가사의 한 겁 동안 일체 중생 앞에 청정하고 큰 공덕을 나타내는 해탈문을 얻었다.

공덕자재왕정광 보살마하살은

시방의 일체 보살이 처음 도량에 나아갈 때 갖가지 장엄을 널리 보는 해탈문을 얻었고, 선용맹연화계 보살마하살은 모든 중생들의 근성과 이해바다를 따라서 널리 일체 부처님 법을 나타내 보이는 해탈문을 얻었고, 보지운일당 보살마하살은 여래의 지혜를 성취하여 한량없는 겁 동안 길이 머무르는 해탈문을 얻었고, 대정진금강제 보살마하살은 일체 가없는 법인의 힘에 널리 들어가는 해탈문을 얻었다.

향염광당 보살마하살은 현재의 일체 부처님께서 처음 보살행을 닦으심과 내지 지혜의 무더기를 성취하심을 나타내 보이는 해탈문을 얻었고, 대명덕심미음 보살마하살은 비로자나의 일체 대원바다에 안주하는 해탈문을 얻었고, 대복광지생 보살마하살은 여래께서 법계에 두루하시는 매우 깊은 경계를 나타내 보이는 해탈문을 얻었다.

그 때에 해월광대명 보살마하살

이 부처님의 위신력을 받들어 일체 보살 대중의 장엄바다를 널리 살펴보고 나서 게송을 설하여 말씀하였다.

모든 바라밀과
모든 지위가
광대하고 생각하기 어려움을
다 원만히 하셔서
한량없는 중생들을
다 조복하시며
일체 불국토를

모두 깨끗이 장엄하시도다.

부처님께서
중생계를 교화하시되
시방국토에
다 충만하시듯
한 생각 마음속에서
법륜을 굴리셔서
널리 중생들의 뜻에 맞춰
두루하지 않음이 없으시도다.

부처님께서

한량없고 광대한 겁 동안
일체 중생 앞에
널리 나타나셔서
지난 옛적 널리
수행하신 것과 같이
그들에게 행하신 청정한 곳을
보이시도다.

나는 시방을
남김없이 다 보며
또한 모든 부처님께서
신통을 나타내시어

다 도량에 앉아
정각을 이루시니
회중들이 법을 들으려
함께 둘러싸 있음을 보도다.

광대한 광명의
부처님 법신이시여
능히 방편으로
세간에 나타나셔서
널리 중생들의 마음에
즐기는 바를 따르시어
그 근기에 다 맞추어

법을 비 내리시도다.

진여는 평등하고
모양 없는 몸이요
때를 여읜 광명은
청정한 법신이라
지혜는 적정하나
몸은 한량이 없으셔서
널리 시방에 응하여
법을 연설하시도다.

법왕의 모든 힘은

다 청정하시고
지혜는 허공 같아서
끝이 없음이라
모두 열어 보여
숨김이 없으셔서
널리 중생들에게
같이 깨달아 들게 하시도다.

부처님께서 지난 옛적에
수행하신 바와
내지 일체지를
이루심과 같이

지금 광명을 놓아
법계에 두루하시어
그 가운데
모두 명료하게 나타내시도다.

부처님께서 본원으로
신통을 나타내셔서
일체 시방에
비추지 않음이 없으시니
부처님께서 지난 옛적
수행하신 것처럼
광명 그물 속에서

다 연설하시도다.

시방의 경계는
다함이 없어서
같음도 없고 끝도 없어
각각 차별하거늘
부처님께서 걸림 없는 힘으로
큰 광명을 놓으셔서
일체 국토에
다 밝게 나타내시도다.

그 때에 여래 사자좌의 온갖 보

배로 된 미묘한 꽃과 윤대와 기단과 섬돌과 그리고 모든 창문의 이러한 일체 장엄구 가운데서 낱낱이 각각 부처님 세계의 미진수 같은 보살마하살들이 나왔다.

그들의 이름은 해혜자재신통왕 보살마하살과 뇌음보진 보살마하살과 중보광명계 보살마하살과 대지일용맹혜 보살마하살과 부사의공덕보지인 보살마하살과 백목연화계 보살마하살과 금염원만광 보살마하살과 법계보음 보살마하살과 운음정월 보살마하살과 선용맹광명당 보살마하살이었다. 이러한 보살들이 상수가 되어 수많은 부처님 세계 미진수 같은 이들이 동시에 출현하였다.

이 모든 보살들이 각각 갖가지 공양구름을 일으키니, 이른바 일체 마니보배 꽃구름과, 일체 연꽃의 묘한 향기구름과, 일체 보배의 원만한 광명구름과, 가없는 경계의 향기 나는 불꽃구름과, 일장마니의 바퀴 같은 광명구름과, 일체 마음을 기쁘게 하는 음악소리구름과, 가없는 색상의 일체 보배등불 광명 불꽃구름과, 온갖 보배 나뭇가지의 꽃 열매구름과, 다함없는 보배의 청정한 광명 마니왕구름과, 일체 장엄구의 마니왕구름이었다. 이와 같은 모든 공양구름들이 부처님 세계 미진수가 있었다.

저 모든 보살들이 낱낱이 다 이와 같은 공양 구름을 일으켜 일체 도량의 대중바다에 비 내려서 상속하여 끊어지지 아니하였다.

이러한 구름을 나타내고 나서 세존을 오른쪽으로 한량없이 백천 번을 돌았으며, 그들이 온 방향을 따라서 부처님과 거리가 멀지 않은 곳에 한량없는 갖가지 보배 연꽃 사자좌를 변화하여 만들고, 각각 그 위에 결가부좌하였다.

이 모든 보살들은 행한 바가 청정하여 광대하기가 바다와 같았다. 지혜광명을 얻어서 보문의 법을 비추며, 모든 부처님께서 걸림 없이 행하신 바를 따르며, 능히 일체 변

재의 법바다에 들어가며, 부사의한 해탈법문을 얻었으며, 여래의 보문의 지위에 머물며, 이미 일체 다라니 문을 얻어서 일체 법바다를 다 능히 수용하였다.

삼세가 평등한 지혜의 지위에 잘 머물며, 깊은 믿음과 광대한 희락을 이미 얻었으며, 가없는 복 무더기를 매우 훌륭하고 청정케 하며, 허공 법계를 관찰하지 않음이 없으며, 시방세계의 일체 국토에 출현하시는 부처님을 다 부지런히 공양하였다.

　그 때에 해혜자재신통왕 보살마하살이 부처님의 위신력을 받들어 일체 도량의 대중바다를 널리 살펴보고 게송을 설하여 말씀하였다.

모든 부처님께서 깨달으신 것을
다 이미 아셨으니
허공처럼 걸림 없이
다 밝게 비추셔서
광명이 시방의 한량없는

국토에 두루하시어
대중모임에서
널리 맑게 장엄하시도다.

여래의 공덕은
헤아릴 수 없음이라
시방 법계에
다 충만하시어
일체 보리수왕 아래에
널리 앉으시니
모든 크게 자재한 이들이
함께 운집하도다.

부처님은
이러한 신통력이 있으셔서
한 생각에 다함없는
형상을 나타내시어
여래의 경계가
끝이 없으시니
각각 해탈함을 따라서
능히 관해 보도다.

여래께서 지난 옛적
겁바다를 지내시며
모든 세간에서

부지런히 수행하시어
갖가지 방편으로
중생들을 교화하셔서
그들에게 모든 부처님 법을
받아 행하게 하시도다.

비로자나 부처님께서
상호 장엄을 갖추시어
연화장 사자좌에
앉아계시니
일체 대중모임이
다 청정하여

고요히 머물러서
함께 우러러보도다.

마니보배장에서
광명을 놓아
가없는 향기 나는
불꽃구름을 널리 내며
한량없는 꽃다발을
함께 드리웠는데
이러한 자리 위에
여래께서 앉으셨도다.

갖가지로 장식한
길상문에서
등불 광명 보배불꽃구름을
항상 놓아서
광대하게 치성하여
비추지 아니함이 없는데
석가모니 부처님은 그 위에서
더욱 장엄하시도다.

갖가지 마니로 된
아름답고 화려한 창과
미묘한 보배연꽃이

드리워진 장식에서
항상 묘음을 내어
듣는 이들이 기뻐하는데
부처님께서 그 위에 앉으셔서
특별히 밝게 나타나시도다.

사자좌를 받들고 있는
보륜은 반달 형상이고
금강으로 된 좌대는
빛이 불꽃처럼 밝으며
육계를 지닌 보살들이
항상 에워싸고 있는데

부처님께서 그 가운데서
가장 빛나시도다.

갖가지 변화가
시방에 가득하여
여래의 광대한 원을
연설하니
일체 영상이
그 가운데 나타나는데
이러한 자리 위에
부처님께서 안좌하셨도다.

그 때에 뇌음보진 보살마하살이 부처님의 위신력을 받들어 일체 도량의 대중바다를 널리 살펴보고 게송을 설하여 말씀하였다.

세존께서 옛적에
보리행을 모으실 때
시방의 한량없는
부처님께 공양하시니
선서의 위신력의
가지하신 바로
여래의 자리에서

보지 않음이 없으시도다.

향기 나는 불꽃 마니의
여의왕으로
묘한 꽃
사자좌를 꾸미니
갖가지 장엄이
다 영상처럼 나타나서
일체 회중이
모두 밝게 보도다.

부처님의 사자좌가

널리 장엄상을 나타내어
순간순간 색상과 종류가
각각 다르니
모든 중생들의 이해가
같지 않음을 따라
부처님께서 그 위에 앉아계심을
각각 보도다.

보배 가지마다
연꽃그물 드리웠는데
꽃이 핌에
모든 보살들이 솟아 나와서

각각 미묘하고
즐거운 음성을 내어
여래께서 사자좌에 앉아계심을
칭찬하도다.

부처님 공덕은 양이
허공과 같으셔서
일체 장엄이
이로부터 생겨나며
낱낱 땅에
장엄하는 일을
일체 중생이

능히 알지 못하도다.

금강으로 땅이 되어
무너뜨릴 수 없으며
넓고 청정하고
지극히 평탄한데
마니로 된 그물이
공중에 드리워서
보리수 아래에
다 두루하도다.

그 땅은 가없고

색상도 특수하니
진금가루가
두루 덮었으며
이름 있는 꽃과 온갖 보배가
널리 흩어져서
모두 여래의 사자좌를
빛나게 하도다.

땅의 신들이
환희하고 기뻐 뛰어서
찰나마다 나타내 보임도
끝이 없으며

일체 장엄구름을
널리 일으켜서
항상 부처님 앞에서
우러러보고 있도다.

보배 등불은
광대하고 극히 치성하여
향기불꽃 흐르는 빛이
끊이지 않으며
수시로 나타남이
각각 다르니
땅의 신들이

이것으로 공양 올리도다.

시방의 일체 세계
국토 가운데
그 땅에 있는
모든 장엄을
지금 이 도량에
나타내지 않음이 없으시니
부처님의 위신력인 까닭에
능히 그러하도다.

그 때에 중보광명계 보살마하살

이 부처님의 위신력을 받들어 일체 도량의 대중바다를 널리 살펴보고 게송을 설하여 말씀하였다.

    세존께서 지난 옛적
    수행하실 때
    모든 부처님 국토가
    다 원만함을 보셨으니
    이와 같이 보신 땅이
    다함없음을
    이 도량 가운데
    다 나타내시도다.

세존의
광대하신 신통력이여
광명을 놓아
널리 마니보배를 비 내리셔서
이러한 보배장을
도량에 흩으시니
그 땅이 두루 다 장엄하여
화려하도다.

여래의
복덕과 신통력이시여
마니의 묘한 보배로

널리 장엄하시니
그 땅과
보리수가
번갈아 광명과 음성을 내어
연설하도다.

보배 등불이 한량없이
하늘에서 비 내리듯 하며
보배왕이 사이사이 섞여
장엄하여서
모두 미묘하게 법을 연설하는
소리를 내니

이러함은 땅의 신들이
나타낸 것이로다.

보배 땅이 미묘한 광명구름을
널리 나타내고
보배 횃불이 밝게 빛남이
번개와 같은데
보배 그물이 넓게
그 위를 덮었으며
보배 가지가 어우러져
아름답게 장엄하였도다.

그대들은
이 땅에
갖가지 묘한 보배로
장엄한 것을 널리 관하라
중생들의 모든 업바다를
나타내 보여
그들에게 참다운 법성을
요달해 알게 하도다.

시방에 널리 두루하신
일체 부처님의
소유하신

원만한 보리수가
도량 가운데
다 나타나서
여래의 청정한 법을
연설하도다.

모든 중생들의 마음에
즐기는 바를 따라
그 땅에서
널리 미묘한 음성을 내되
부처님께서 사자좌에서
알맞게 연설하시듯

낱낱 법문을
모두 갖추어 설하도다.

그 땅이 항상
미묘한 향기 광명을 내어
광명 가운데서
널리 청정한 법음을 연설하니
만약 중생이
법을 감당해 받을 만하면
모두 듣고
번뇌를 멸하게 하도다.

낱낱 장엄이
모두 원만하니
가령 억겁이라도
설할 수 없음이라
여래의 신통한 힘은
두루하지 않음이 없으시니
그러므로 그 땅이
다 장엄하고 깨끗하도다.

그 때에 대지일용맹혜 보살마하살이 부처님의 위신력을 받들어 널리 일체 도량의 대중바다를 살펴보고 게송을 설하여 말씀하였다.

　세존께서 법당에 앉아
　응시하셔서
　환하게 궁전 안을
　밝게 비추시되
　모든 중생들의 마음에
　즐겨함을 따르시어
　그 몸이 시방 국토에
　널리 나타나시도다.

　여래의 궁전은

부사의함이라
마니 보배장으로
장엄하였고
모든 장엄구가
다 광명을 비추니
부처님께서 그 가운데 앉으셔서
특별히 드러나시도다.

마니로 된 기둥은
갖가지 색이요
진금으로 된 방울은
구름처럼 펼쳐졌고

보배 계단은
사면으로 줄지어있으며
문들은 방향 따라
모두 활짝 열려있도다.

묘한 꽃이 새겨진 비단으로
장엄한 휘장과
보배 나뭇가지들로
함께 꾸몄으며
마니 영락이
사면에 드리웠는데
지혜바다 부처님께서

그 가운데 고요히 앉아계시도다.

마니로 된 그물과
미묘한 향의 깃대와
불꽃광명 밝은 등불이
구름처럼 펼쳐졌고
갖가지 장엄구로
덮여있는데
세간을 초탈하신 바른 지혜께서
여기에 앉으셨도다.

시방에 널리 나타난

변화한 구름이여
그 구름의 연설이
세간에 두루하여
일체 중생을
다 조복하니
이러함은 모두
부처님 궁전에서 나타났도다.

마니로 된 나무에서 핀
미묘한 꽃이여
시방에 있는 것이
능히 짝할 수 없음이라

삼세 국토의
장엄한 일이
이 가운데 그 영상을
나타내지 않음이 없도다.

곳곳마다 다 있는
마니 무더기가
불꽃광명 치성하여
종류가 한량없으며
문과 창호들이
방위 따라 서로 사이에 열려있고
용마루와 처마의 장엄이

지극히 수려하도다.

여래의 궁전이
부사의함이라
청정한 광명이
온갖 형상을 갖추었는데
일체 궁전이
그 가운데 나타나니
낱낱마다
여래께서 앉아계시도다.

여래의 궁전이

끝이 없으며
자연히 깨달은 이가
그 가운데 계시니
시방의 일체
모든 중회가
부처님을 향하여
다 모여 왔도다.

그 때에 부사의공덕보지인 보살 마하살이 부처님의 위신력을 받들어 일체 도량의 대중바다를 널리 살펴보고 게송을 설하여 말씀하였다.

부처님께서 옛적에 닦으신
온갖 복바다가
일체 세계 국토의
미진수라
신통과 원력에서
생겨난 것으로
도량이 깨끗이 장엄되어
모든 때가 없도다.

여의주왕이
나무뿌리가 되고
금강 마니로

몸뚱이가 되었는데
보배 그물이 멀리 펴져
그 위를 덮었으니
미묘한 향기가
가득히 휘돌아 에워쌌도다.

나뭇가지는
온갖 보배를 갖추어 장엄하였고
마니로 된 줄기는
다투어 우뚝 솟았으며
가지들이 두터운 구름처럼
빽빽이 펼쳐졌는데

부처님께서
그 아래 도량에 앉으셨도다.

도량이 광대하여
부사의함이여
보리수가
두루 가득 덮었는데
우거진 잎과 무성한 꽃들이
서로 덮어 가리고
꽃마다 마니 열매가
맺혀있도다.

일체 가지 사이에서
미묘한 빛을 내어
그 빛이
도량을 두루 비추는데
청정하고 치성하여
다함없으니
부처님의 원력으로
이같이 나타나도다.

마니 보배로
꽃이 되어
빛나는 그림자 펼쳐진 것이

비단구름 같고
나무 둘레에
두루 향기 드리워
도량을
널리 장엄하였도다.

그대들은
선서의 도량 가운데
연꽃과 보배 그물이
함께 청정함을 관하라
불꽃으로 된 바퀴가
여기서 나타나고

방울 소리 풍경 소리가
구름 사이로 울려퍼지도다.

시방의
일체 국토 중에
있는 바 미묘한 색으로
장엄한 나무가
보리수 가운데
나타나지 않음이 없는데
부처님께서 그 아래에서
온갖 때를 여의셨도다.

도량이 광대함은
복으로 이루어진 것이라
나뭇가지에서 보배를 비 내림이
항상 다함없고
보배 가운데서
모든 보살들이 출현하여
모두 시방으로 다니며
부처님을 받들어 섬기도다.

모든 부처님의 경계가
부사의함이라
널리 보리수에서

음악 소리를 내게 하셔서
옛적에 닦은
보리도를
회중들이 소리를 듣고
모두 보도다.

그 때에 백목연화계 보살마하살이 부처님의 위신력을 받들어 일체 도량의 대중바다를 널리 살펴보고 게송을 설하여 말씀하였다.

일체 마니에서

미묘한 소리를 내어
삼세 모든 부처님 명호를
칭양하니
그 부처님의
한량없는 신통한 일을
이 도량 가운데서
다 환하게 보도다.

온갖 꽃이 활짝 피어
꽃다발을 드리운 듯하며
광명구름이 흘러나와
시방에 두루한데

보리수 신이 받들고
부처님을 향하여
일심으로 우러러보며
공양 올리도다.

마니광명 불꽃이
모두 깃대가 되고
깃대 가운데
치성하게 미묘한 향기를 내는데
그 향기가
일체 대중에게 널리 풍기니
그러므로 그곳은

다 장엄하고 청정하도다.

연꽃이 금빛 광명을
드리워 펼치니
그 광명이 부처님의
미묘한 음성구름을 내어
시방의 모든 세계 국토를
널리 덮어서
중생들의 번뇌열을
길이 식히도다.

보리수왕의

자재한 힘이여
항상 광명을 놓아
지극히 청정하니
시방의 가없는
대중모임이
도량 가운데 그림자처럼
다 나타나도다.

보배 가지의 불꽃 광명이
밝은 등불 같고
그 광명이 소리 내어
큰 서원을 말하는데

부처님께서 지난 옛적
모든 세간에서
본래 수행하신 대로
다 구족하게 연설하도다.

나무 아래에
세계 티끌 수 같은 모든 신들이
다 함께
이 도량을 의지하여
각각 여래의
보리도 나무 앞에서
생각생각 해탈문을

선양하도다.

세존께서 지난 옛적
모든 행을 닦으실 때
일체 모든 여래께
공양하심과
본래 수행하신 것과
명성이
마니보배 가운데
모두 다 나타나도다.

도량의 일체가

묘음을 내니
그 소리가 광대하여
시방에 두루함이라
만약 중생이 법을
감당해 받을 만하면
조복하여 청정하게
하지 않음이 없도다.

여래께서 지난 옛적에
널리 닦으신
일체 한량없는
장엄한 일을

시방의
일체 보리수마다
낱낱이 장엄하여
한량없는 종류로다.

그 때에 금염원만광 보살마하살이 부처님의 위신력을 받들어 일체 도량의 대중바다를 널리 살펴보고 게송을 설하여 말씀하였다.

부처님께서 옛적에
보리행을 닦으시어

모든 경계에
이해가 명료하셔서
옳은 곳과 옳지 않은 곳에
밝아 의심이 없으시니
이것은 여래의
첫째 지혜의 힘이로다.

옛적에 평등히
모든 법성을 관찰하시어
일체 업바다를
다 밝게 아신 것과 같이
그러하게 지금도

광명 그물 속에서
널리 온 시방에 갖추어
연설하시도다.

지난 겁에
큰 방편을 닦으시어
중생들의 근기를 따라
교화하셔서
널리 회중들의 마음을
청정하게 하시니
그러므로 부처님은 근기 아는
지혜의 힘을 이루셨도다.

모든 중생들의 이해가
같지 않듯이
욕락과 모든 행이
각각 달라서
그 적당함을 따라
법을 설하시니
부처님께서 지혜 힘으로
이와 같이 하시도다.

널리 온 시방
모든 세계 바다의
있는 바

일체 중생계를
부처님 지혜의 평등함이
허공과 같으셔서
모공 가운데
다 나타내시도다.

일체 처와 행을
부처님께서 다 아시되
한 생각에 삼세가
다 남음이 없어서
시방의 세계와 겁과
중생의 시간을

다 열어 보여
알게 하시도다.

선정과 해탈의 힘은
끝이 없고
삼매와 방편도
또한 그러한데
부처님께서 시현하여
환희케 하셔서
널리 번뇌의 어두움을 씻어
없애게 하시도다.

부처님의 지혜는 걸림 없어
삼세를 포함하고
찰나에 모공 가운데
다 나타내시니
불법과 국토와
중생들의
나타난 것은 다 생각을 따른
지혜의 힘 때문이로다.

부처님 눈은
광대하기가 허공과 같아서
널리 법계를 보아

다 남음이 없으시니
걸림 없는 지위 가운데
짝이 없는 작용이여
그 눈이 한량없음을
부처님께서 연설하시도다.

일체 중생의
모든 번뇌와
있는 바
수면과 습기를
여래께서
온 세간에 출현하셔서

모두 방편으로
멸하여 없애주시도다.

그 때에 법계보음 보살마하살이 부처님의 위신력을 받들어 일체 도량의 대중모임바다를 널리 살펴보고 나서 게송을 설하여 말씀하였다.

부처님의 위신력이
시방에 두루하셔서
광대하게 시현하여
분별이 없으시며

큰 보리행과
바라밀의
옛적에 만족하신 것을
다 보게 하시도다.

옛적에 중생들에게
대비를 일으키시어
보시바라밀을
수행하셨으니
그리하여 그 몸이
가장 특수하고 미묘하셔서
보는 이들이

환희하게 하시도다.

옛적에 가없는
큰 겁바다에서
청정한 제바라밀을
닦으셨으니
그러므로 청정한 몸을 얻어
시방에 두루하시어
널리 세간의 모든 무거운 고통을
소멸하셨도다.

지난 옛적에

청정한 인욕을 수행하시어
믿고 이해함이 진실하여
분별이 없으셨으니
그러므로 색상이
다 원만하셔서
널리 광명을 놓아
시방을 비추시도다.

지난 옛적 많은 겁 동안
부지런히 닦으셔서
능히 중생들의 깊고 무거운
업장을 바꾸셨으니

그러므로 몸을
시방에 두루 나누시어
보리수왕 아래에
다 나타내시도다.

부처님께서
오래도록 무량겁을 수행하셔서
선정의 큰 바다가
널리 청정하시니
그러므로 보는 이들이
깊이 환희하여
번뇌장의 때를 다 없애서

소멸하게 하시도다.

여래께서 옛적에
모든 행바다를 닦으시어
반야바라밀을
구족하셨으니
그러므로 광명을 펼쳐
널리 조명하셔서
일체 어리석은 어두움을
다 소멸하셨도다.

갖가지 방편으로

중생들을 교화하셔서
닦는 것마다
모두 성취하게 하시니
일체 시방에
다 두루 다니시며
가없는 겁 동안
휴식하지 않으셨도다.

부처님께서 옛적
큰 겁바다 동안 수행하시어
모든 원바라밀을
깨끗이 닦으셨으니

그러므로
온 세간에 출현하셔서
미래제가 다하도록
중생들을 구제하시도다.

부처님께서
한량없는 겁 동안
일체 법의 역바라밀을
널리 닦으셨으니
이로 말미암아
능히 자연력을 이루시어
시방의 모든 국토에

널리 나타나시도다.

부처님께서 옛적에
보문의 지혜를 닦으셔서
일체 지혜 성품이
허공과 같으시니
그러므로 걸림 없는 힘을
이루시어
광명을 펴서
시방세계를 널리 비추시도다.

그 때에 운음정월 보살마하살이

부처님의 위신력을 받들어 일체 도량의 대중모임바다를 널리 살펴보고 나서 게송을 설하여 말씀하였다.

신통한 경계가
허공과 같으셔서
시방의 중생들이
보지 못함이 없으니
옛적에 수행하여
이루신 지위를
마니 열매 속에서
다 갖추어 설하시도다.

한량없는 겁 동안 청정하게

부지런히 닦으셔서

초지에 들어가

지극히 환희하시니

법계의

광대한 지혜를 내셔서

널리 시방의 한량없는

부처님을 보시도다.

일체 법 가운데

이구지에서

중생과 같은 수의

청정한 계를 지니시니
이미 많은 겁 동안
널리 수행하셔서
가없는 모든 부처님바다에
공양하셨도다.

복덕을 쌓으신
발광지에서
사마타의 법장과
견고한 인욕이라
광대한 법의 구름을
다 이미 들으셨으니

마니 열매 속에서
이와 같이 설하시도다.

불꽃바다의 밝은 지혜와
짝 없는 지위에서
경계를 잘 알아
자비를 일으키시고
일체 국토와
평등한 몸을
부처님께서 닦으신 대로
다 연설하시도다.

넓은 창고와 평등한 문의
난승지에
움직임과 고요함이
서로 따라 어김이 없으며
불법의 경계가
모두 평등하니
부처님께서 밝히신 바와 같이
다 설하시도다.

광대하게 수행하신
지혜바다의 지위에서
일체 법문을

다 두루 요달하시고
국토에 널리 나타나심이
허공과 같으니
나무 가운데서
이 법음을 펴시도다.

온 법계에 두루하신
허공신과
중생들을 널리 비추시는
지혜의 등불이여
일체 방편이
다 청정하시니

옛적에 원행하신 것을
이제 갖추어 연설하시도다.

일체 원과 행으로
장엄하신 바
한량없는 세계바다가
다 청정하여
있는 바 분별로
움직일 수 없으니
이것은 무등지에서
다 연설하셨도다.

한량없는 경계와

신통한 힘과

교법에 잘 들어간

광명의 힘이여

이것은

청정한 선혜지이니

겁바다 동안 행하신 바를

다 갖추어 천명하셨도다.

법의 구름이 광대한

제십지여

일체를 함장하여

허공에 두루함이라
모든 부처님의 경계를
소리 가운데 펴시니
이 소리는
부처님의 위신력이로다.

그 때에 선용맹광당 보살마하살이 부처님의 위신력을 받들어 시방을 관찰하고 게송을 설하여 말씀하였다.

한량없는 중생들이

모임 가운데서
갖가지 신해로
마음이 청정하여
다 여래의 지혜에
깨달아 들어가서
일체 장엄 경계를
요달하였도다.

각각 청정한 원을 세워
모든 행을 닦아서
모두 일찍이
한량없는 부처님께 공양 올렸으니

여래의
진실한 본체와
일체 모든 신통변화를
능히 보았도다.

혹은 부처님의
법신을 보니
같음도 없고 걸림도 없이
널리 두루하셔서
있는 바 가없는
모든 법성이
그 몸에

모두 다 들어가도다.

혹은 부처님의
미묘한 색신을 보니
가없는 색상에
광명이 치성하시어
모든 중생들의 이해가
같지 않음을 따라
갖가지로 시방 가운데
변화하여 나타나시도다.

혹은 걸림 없는

지혜의 몸을 보니
삼세에 평등하여
허공과 같으셔서
널리 중생들의 마음에
즐김을 따라 변하시어
갖가지 차별을
다 보게 하시도다.

혹은 부처님의
음성이
널리 시방의
모든 국토에 두루하시어

모든 중생들이
응당 이해하는 바를 따라서
소리를 내는 데
장애가 없음을 요달하였도다.

혹은 여래의
갖가지 광명이
온 세간을
갖가지로 비추심을 보며
혹은 부처님의
광명 가운데서
다시 모든 부처님께서

신통을 나타내심을 보도다.

혹은 부처님의
바다 구름 광명을 보니
모공에서 나와
빛이 치성하여
지난 옛적 수행하신 도를
나타내 보여서
깊은 믿음을 내어
부처님 지혜에 들게 하시도다.

혹은 부처님 상호의

복덕 장엄을 보고
이 복덕이
생겨난 곳을 보며
지난 옛적 수행하신
모든 바라밀바다를
다 부처님 상호에서
밝게 보도다.

여래의 공덕이
헤아릴 수 없음과
법계에 충만하여
끝이 없음과

신통의
모든 경계를
부처님의 힘으로
능히 연설하도다.

그 때에 화장장엄세계해가 부처님의 위신력으로 그 땅의 일체가 여섯 가지 열여덟 모양으로 진동하였다. 이른바 흔들흔들하고 두루 흔들흔들하고 널리 두루 흔들흔들하며, 들먹들먹하고 두루 들먹들먹하고 널리 두루 들먹들먹하며, 울쏙불쏙하고 두루 울쏙불쏙하고 널리 두루 울쏙불쏙하며, 우르르하고 두루 우르르하고 널리 두루 우르르하며, 와르릉하고 두루 와르릉하고 널리 두루 와르릉하며, 와지끈하고 두루 와지끈하고 널리 두루 와지끈하였다.

이 모든 세주들이 낱낱이 다 부사의한 모든 공양구름을 나타내어 여래도량의 대중바다에 비 내렸다.

이른바 일체 향기 나는 꽃으로 장엄한 구름과, 일체 마니로 묘하게 꾸민 구름과, 일체 보배 불꽃이 빛나는 그물구름과, 가없는 종류의 마니보배가 원만한 광명구름과, 일체 온갖 색의 보배 진주 창고구름과, 일체 보배 전단향구름과, 일체 보배 덮개구름과, 청정하고 묘한 소리의 마니왕구름과, 일광 마니 영락의 바퀴구름과, 일체 보배 광명 창고구름과, 일체 각기 다른 장엄구구름이었다. 이와 같은 등 모든 공양구름들이 그 수가 한량이 없어서 불가사의하였다.

이 모든 세주들이 낱낱이 다 이러한 공양구름을 나타내어 여래 도량의 대중바다에 비 내려 두루하지 않음이 없었다. 이러한 세계 가운데 낱낱 세주가 마음에 환희하여 이처럼 공양하듯이, 그 화장장엄세계해 가운데 일체 세계의 세주들도 모두 또한 이와 같이 공양하였다.

그 일체 세계 가운데 모두 여래가 계시어 도량에 앉으시니, 낱낱 세주가 각각 믿고 이해함과 각각 반

연한 바와 각각의 삼매 방편문과 각각의 조도법 닦음과 각각의 성취와 각각의 환희와 각각의 나아가 들어감과 각각의 깨달아 아는 모든 법문으로, 각각 여래의 신통 경계에 들어가며 각각 여래의 힘의 경계에 들어가며 각각 여래의 해탈문에 들어갔다.

이 화장장엄세계해에서와 같이 시방의 온 법계 허공계의 일체 세계해에서도 모두 또한 이와 같았다.

〈대방광불화엄경 제5권〉

회향송

아차보현수승행
무변승복개회향
보원침익제중생
속왕무량광불찰

시방삼세일체불
제존보살마하살
마하반야바라밀

廻向頌

我此普賢殊勝行
無邊勝福皆迴向
普願沈溺諸眾生
速往無量光佛剎

十方三世一切佛
諸尊菩薩摩訶薩
摩訶般若波羅蜜

大方廣佛華嚴經 — 부록

- 대방광불화엄경 목차

- 간행사

대방광불화엄경 목차

⟨제1회⟩

제1권	제1품	세주묘엄품 [1]
제2권	제1품	세주묘엄품 [2]
제3권	제1품	세주묘엄품 [3]
제4권	제1품	세주묘엄품 [4]
제5권	**제1품**	**세주묘엄품 [5]**
제6권	제2품	여래현상품
제7권	제3품	보현삼매품
	제4품	세계성취품
제8권	제5품	화장세계품 [1]
제9권	제5품	화장세계품 [2]
제10권	제5품	화장세계품 [3]
제11권	제6품	비로자나품

⟨제2회⟩

제12권	제7품	여래명호품
	제8품	사성제품
제13권	제9품	광명각품
	제10품	보살문명품
제14권	제11품	정행품
	제12품	현수품 [1]
제15권	제12품	현수품 [2]

⟨제3회⟩

제16권	제13품	승수미산정품
	제14품	수미정상게찬품
	제15품	십주품
제17권	제16품	범행품
	제17품	초발심공덕품
제18권	제18품	명법품

〈제4회〉

제19권　제19품　승야마천궁품

　　　　　제20품　야마궁중게찬품

　　　　　제21품　십행품 [1]

제20권　제21품　십행품 [2]

제21권　제22품　십무진장품

〈제5회〉

제22권　제23품　승도솔천궁품

제23권　제24품　도솔궁중게찬품

　　　　　제25품　십회향품 [1]

제24권　제25품　십회향품 [2]

제25권　제25품　십회향품 [3]

제26권　제25품　십회향품 [4]

제27권　제25품　십회향품 [5]

제28권　제25품　십회향품 [6]

제29권　제25품　십회향품 [7]

제30권　제25품　십회향품 [8]

제31권　제25품　십회향품 [9]

제32권　제25품　십회향품 [10]

제33권　제25품　십회향품 [11]

〈제6회〉

제34권　제26품　십지품 [1]

제35권　제26품　십지품 [2]

제36권　제26품　십지품 [3]

제37권　제26품　십지품 [4]

제38권　제26품　십지품 [5]

제39권　제26품　십지품 [6]

〈제7회〉

제40권　제27품　십정품 [1]

제41권　제27품　십정품 [2]

제42권　제27품　십정품 [3]

제43권　제27품　십정품 [4]

제44권　제28품　십통품

　　　　　제29품　십인품

제45권　제30품　아승지품

　　　　　제31품　수량품

　　　　　제32품　제보살주처품

제46권　제33품　불부사의법품 [1]

제47권　제33품　불부사의법품 [2]

제48권	제34품	여래십신상해품	제63권	제39품	입법계품 [4]
	제35품	여래수호광명공덕품	제64권	제39품	입법계품 [5]
제49권	제36품	보현행품	제65권	제39품	입법계품 [6]
제50권	제37품	여래출현품 [1]	제66권	제39품	입법계품 [7]
제51권	제37품	여래출현품 [2]	제67권	제39품	입법계품 [8]
제52권	제37품	여래출현품 [3]	제68권	제39품	입법계품 [9]
			제69권	제39품	입법계품 [10]

〈제8회〉

제53권	제38품	이세간품 [1]
제54권	제38품	이세간품 [2]
제55권	제38품	이세간품 [3]
제56권	제38품	이세간품 [4]
제57권	제38품	이세간품 [5]
제58권	제38품	이세간품 [6]
제59권	제38품	이세간품 [7]

제70권 제39품 입법계품 [11]
제71권 제39품 입법계품 [12]
제72권 제39품 입법계품 [13]
제73권 제39품 입법계품 [14]
제74권 제39품 입법계품 [15]
제75권 제39품 입법계품 [16]
제76권 제39품 입법계품 [17]
제77권 제39품 입법계품 [18]
제78권 제39품 입법계품 [19]

〈제9회〉

제79권 제39품 입법계품 [20]
제80권 제39품 입법계품 [21]

제60권 제39품 입법계품 [1]
제61권 제39품 입법계품 [2]
제62권 제39품 입법계품 [3]

간 행 사

귀의삼보 하옵고,

『대방광불화엄경』의 수지 독송과 유통을 발원하면서 수미정사 불전연구원에서 『독송본 한문·한글역 대방광불화엄경』과 『사경본 한글역 대방광불화엄경』을 편찬하여 간행하게 되었습니다.

『화엄경』은 우리나라에 전래된 이래 일찍부터 사경되고 주석·강설되어 왔으며 근현대에 이르러서는 『화엄경』의 한글 번역과 연구도 부쩍 많이 이루어졌습니다. 그만큼 『화엄경』이 우리 불자님들의 신행과 해탈에 큰 의지처가 되었던 것임을 알 수 있습니다.

『화엄경』을 독송하고 사경하는 공덕은 설법 공덕과 함께 크게 강조되어 왔습니다. 그리하여 수미정사 불전연구원에서도 『화엄경』(80권)을 독송하고 사경하는 데 도움이 되도록 한문 원문과 한글역을 함께 수록한 독송본과 한글역의 사경본 『화엄경』 간행불사를 발원하였습니다. 이 『화엄경』 간행불사에 뜻을 같이하여 적극 후원해주신 스님들과 재가 불자님들께 깊이 감사드립니다. 또한 『화엄경』을 수지 독송할 수 있도록 경책의 모습으로 장엄해 주신 편집위원들과 담앤북스 출판사 관계자들께도 고마움을 표합니다.

끝으로 이 불사의 원만 회향으로 『화엄경』이 널리 유통되고, 온 법계에 부처님의 가피가 충만하시길 기원드립니다.

나무 대방광불화엄경

불기 2564년 '부처님오신날'을 봉축하며
수미해주 합장

위태천신(동진보살)

수미해주 須彌海住

동국대학교 명예교수
중앙승가대학교 법인이사
대한불교조계종 수미정사 주지

사경본 한글역
대방광불화엄경 제5권

| 초판 1쇄 발행_ 2020년 8월 24일

| 엮은이_ 수미해주
| 엮은곳_ 수미정사 불전연구원
| 편집위원_ 해주 수정 경진 선초 정천 석도 박보람 최원섭
| 편집보_ 동건 무이 무진 김지예

| 펴낸이_ 오세룡
| 펴낸곳_ 담앤북스
　　　　서울특별시 종로구 새문안로3길 23 경희궁의 아침 4단지 805호
　　　　대표전화 02)765-1251 전송 02)764-1251 전자우편 damnbooks@hanmail.net
　　　　출판등록 제300-2011-115호
| ISBN_ 979-11-6201-247-5   04220

이 책은 저작권 법에 따라 보호받는 저작물이므로 무단전재와 복제를 금합니다.
이 책 내용의 전부 또는 일부를 이용하려면 반드시 저작권자와 담앤북스의 서면 동의를 받아야 합니다.
이 도서의 국립중앙도서관 출판예정도서목록(CIP)은 서지정보유통지원시스템 홈페이지(http://seoji.nl.go.kr)와
국가자료공동목록시스템(http://www.nl.go.kr/kolisnet)에서 이용하실 수 있습니다. (CIP제어번호: CIP2020030130)

정가 10,000원
ⓒ 수미해주 2020